JN439735

그 말을 거울로 삼고

한국작가 작품선 · 38

|명언록|

그 말을 거울로 삼고

김선우 엮음

한국작가 출판부
동행

엮은이의 말

인생이란
짧으면서도 길고
얕으면서도 깊으며
가벼우면서도 무겁다
세상 모든 것이
내 뜻대로 성취되면 다른 이가 상처받고
다른 이가 성취되면
내가 상처받을 수도 있다
사람은 생각이 깊을수록 인생의 삶이
부드럽다고 한다
남을 배려하고 도덕과 윤리가 바로 서면
그것이
인간의 미덕이 아닌가 싶다
숫파니파타는 말하기를
인간을
비천하고 고귀하게 만드는 것은
결코 신분이 아니라
그 자신의 행위라고 한다

독자들이 이 책을
거울처럼 보면 해롭지는 않을 것 같아
감히 용기를 내어
명언자들의 명언을 제목을 붙여가며
이 책을 엮어보았다

2009. 12 김 선 우

CONTENTS

CONTENTS

CONTENTS

삶의
지표가 되는
명언록

죽음

이 몸은
세월 따라
낡아지는 것

이 몸은
질병으로 가득
차 있고
시들어 가는 것

이 몸이
부패하여 흩어질 때
생명은
끝나 죽는 것이다
— 법구경

악행의 결과

나쁘게
행동하지 않아야 할
사람에게
나쁘게
행동하면
악행의 결과가
그에게
돌아간다

– 법구경

마음과 관리

경은
낭송하지 않으면
잊혀지고
집은 관리하지 않으면 훼손된다

더러운 얼굴은
게으름 때문이요
마음
집중이 소홀할 때
욕망이 일어난다

– 법구경

교만한 마음

교만한
마음속에
자신을 뽐내고
아첨과 거짓으로
빌붙는다면
천만년
고해 중에
윤회하면서
부처님
명호조차 듣지 못하리
–법구경

자식과 재산

자식이 있다고
재산이 있다고
뽐내는 사람은
어리석구나

나도
내가 아니거늘
어찌
자식 자랑
재산 자랑을 하겠는가

– 법구경

업

착하지 않은
일을 행한 뒤에는
물러나
뉘우치고 슬퍼하며
얼굴 가득
눈물을 흘리나니
이
갚음은
지은
업에서 오느니라

– 법구경

중생

인자한
마음으로 행하고
널리
사랑하여
중생을 구제하면
열 가지
복이 있어
그림자처럼
그
몸을
따르리라

– 법구경

늙은이

나이가
많다고 해서
장로인가?

머리카락이
희다고 해서
장로인가?

그의 나이
헛되이 늙었으니
그는
속이 텅 빈
늙은이 일뿐이네

– 법구경

마음

마음을
다스리는 것은
진정
훌륭한 것
잘
다스린
마음이
행복을 가져온다
– 법구경

섬기는 것은

해를
섬기는 것은
밝기 때문이요

부모를
섬기는 것은
은혜 때문이며

임금을
섬기는 것은
권력 때문이고

도인을
섬기는 것은
가르침을 듣기 위해서다

– 법구경

생명과 죽음

내 생명은
확실하지 않으나
죽음만은 확실하다
인간의 생명은
매우
불안정한데 비해
죽음만은
확정되어진 진실이다
－법구경

욕망은

욕망은
슬픔을 낳고
욕망은
두려움을 낳는다
욕망으로부터 해탈한 사람은
슬픔이 없거니
어찌
두려움이 있으랴!

— 법구경

마음을 비워라

분노를 포기하라
자만심을 버려라
모든
집착으로부터 벗어나라

몸과
마음에
집착이 없는 자는
고통의 불행에
떨어지지 않는다
－법구경

행복

건강은
최상의 이익이요
만족은
최상의 재산이며
신뢰는
최상의 인연입니다

그러나
마음의 평안보다
더
행복한 것은 없다

– 법구경

깨달음

어리석은 자가
어리석다고 여기면
그는 벌써 어진 사람이며

반대로
어질다고 여기면
그야말로
그는
어리석은 자이다

– 법구경

향기와 열매

고운 꽃은
향기가 없듯이
잘
설해진 말도
몸으로
행하지 않으면
그
열매를 맺지 못한다
– 법구경

마음

남의
생활을
침해하지 말라
남의
감정을
상하게 하지 말라
남의
생각을
지나치게 간섭하지 말라
이것이
남의 마음을
상하지 않게 하는 방법이다

– 법구경

현명한 사람

현명한 사람은
자기 행동을 다스리고
현명한 사람은
자기의 언어를 다스리며
현명한 사람은
자기의 마음과 생각을 다스리는 사람
그 사람은
바로
자기를 다스릴 줄 아는 사람이다

— 법구경

바르게 사는 길

분노를
정복하는 것은
겸손함과 자비요
사악함을
정복하는 것은
선함과 지혜며
인색함을
정복하는 것은
관용과 베풂이고
거짓말을
정복하는 것은
진실하게 말하는 것이다

– 법구경

말 (언어)

나쁜 말과 꾸짖는 말로
잘난 체 뽐내면서
함부로
남을 업신여기면
미움과
원한이 움튼다

공손한 말과
부드러운 말씨로
남을 높이고 공경하며
맺힘을 풀고
욕됨을 참으면
마음과 원한은
저절로 사라진다

— 법구경

오만과 겸손

나쁜 말과 꾸짖는 말로
잘난 체 뽐내면서
함부로 남을 업신여기면
미움과 원한이 움튼다

공손한 말과
부드러운 말씨로
남을
높이고 공경하며
맺힘을 풀고
욕됨을 참으면
미움과 원한은
저절로 사라진다

– 법구경

세상에서

세상 쾌락 저버리면
성인같이 공경받고
어려운 일 능히 하면
부처처럼 존경받네

재물간탐하는 사람
마귀권속이 아니며
자비보시하는 사람
부처아들이 아닌가

– 원효대사

병

몸에
병 없기를
바라지 마라
몸에
병이 없다면
탐욕이 생기나니
탐욕이 생기면
반드시 일을 그르친다
그러므로
성인은
사람을 교화하시매
병고로서
양약을 삼았느니라

—보왕삼매론

참맛이란

무르익은 술과
기름진 고기와 맵고 단 것이
참맛이 아니라
참맛은 다만 담백할 뿐이다
신비하고
기이하며 우뚝하고
이상한 것이 아니라
지인은 다만 평범할 뿐이다

– 채근담

성공과 덕

세상을
살아감에 있어서
반드시
성공만을 바랄 것이 아니라
허물없이
살 수 있다면
이것이 곧 성공이다
남에게 베풀어 숨어 있어서
그 덕에
감동하기를 바랄 일이 아니니
원망을 듣지 않는다면
이것이 곧 덕이다

— 채근담

소인과 군자

소인을
대함에는
엄격하게 하기가
어려운 것이 아니라
미워하지 않기가 더 어렵고
군자를 대함에는
공경하기가 어려운 것이 아니라
예의를
지키기가 더 어렵다

– 채근담

사람들은

사람들은
명성과 지위만이
즐거운 것인 줄 알고
명성도 없고
지위도 없는 것이
진짜 최상의 즐거움인 줄을 모른다
사람들은
배고프고 추운 것만이
근심인 줄 알고
춥지도 않고 배고프지도 않은 것이
더욱 심한
근심인 줄을 알지 못한다

— 채근담

마음은 항상

마음은 항상
비어 있지 않으면 안되니
비어 있어야
의리가 와서 산다

마음은 항상
차 있지 않으면 안되니
차 있어야
물욕이 들어오지 못한다

– 채근담

고요한 때에 홀로

밤 깊어
사람 소리 고요한 때에
홀로 일어나 앉아
내 마음 관찰해 보면
비로소 망념이 사라지고
참된 마음만이
홀로 나타남을 깨닫나니
매양
이 가운데서 큰 진실을 얻게 된다

– 채근담

복덕을 지어라

많이
가진 사람은
많이
잃는다
높은 곳을
걷는
사람은
빨리
넘어진다
미리
복덕을 지어라

– 채근담

복

성질이
조급하고
마음이
조급한 사람은
한 가지 일도
이룰 수 없되
마음이
온화하고
기질이
평온한 사람은
백 가지
복이
저절로 모여든다

– 채근담

일과 몸

일에서
물러서려거든
마땅히
그 전성기에 물러서야 하고
몸을
두려거든
마땅히
홀로 뒤떨어진 곳에
두어야 한다

— 채근담

천하를 자연에 맡겨라

천하를
있는 그대로의 자연에
맡겨 둔다는 말은 들었어도
천하를
다스린다는 말은 듣지 못했다
천하를
스스로 있게 함은
천하가
그 본성을 어지럽힐까
두려워하기 때문이요
천하를
너그럽게 함은
그 덕을 변하게 할까
두려워하기 때문이다
－채근담

천성의 참다운

고요한 가운데의 고요함은
진정한 고요함이 아니니
움직이는 곳에서
고요함을 얻을 수 있어야
이것이 바로
천성의 참다운 경지이다
즐거운 곳에서의
즐거움은
진정한 즐거움이 아니니
괴로움 가운데서
즐거움을 얻을 수 있어야
곧
마음의 참다운
기미를 볼 수 있다

— 채근담

의연함

일이
뜻대로 되지 않음을
근심하지 말며
마음이
유쾌함을 기뻐하지 마라
오랫동안의
편안함을 믿지 말며
처음의
어려움을 꺼리지 말라

– 채근담

청렴

진실로
청렴한 것은
청렴하다는
이름조차 없으니
이름을
드러내는 사람은
바로
탐욕스럽기 때문이다

– 채근담

성공과 실패

총명한 사람은
마땅히
그 재주를 거두어
감추어야 하는데
도리어
드러내어 자랑한다면
이것은
총명하면서도 어리석고
병폐에
빠져 있음이니
어찌
실패하지 않겠는가!

– 채근담

도덕과 권세

도덕을
지키며 사는 사람은
일시적으로
적막할 뿐이지만
권세에
의지하고
아부하는 사람은
만고에 처량하다

– 채근담

현명한 사람은

들은
이야기라고 해서
다할 것이 아니다
눈으로 본 일이라 해서
본 것을 다 말할 것도 아니다
사람은
그 자신의 귀와 눈과 입으로 해서
자기 자신을 거칠게 만들고
나아가서는
궁지에 빠지고 만다

현명한 사람은
남의 욕설이나 비평에 귀를 기울이지
않으며
또 남의 단점을 보려고도 하지 않는다

– 채근담

권세와 잔재주

권세와
이익과 사치와 화려함은
이것을
가까이 하지 않는 사람을
깨끗하다고 하지만
이를 가까이 하면서도 물들지
않는 사람은
더욱 깨끗하다고 한다
잔재주와
권모와 술수 교모함은
이것을
모르는 사람은 높다고 하지만
이를
알면서도 사용하지 않는 사람은
더욱 높다고 한다

– 채근담

차라리

도덕을
지키며 사는 사람은
일시적으로
적막할 뿐이지만
권세를 좇아 아부하는 자는
만고에 처량하다
달인은
사물밖의 사물을 관찰하고
몸 뒤의 몸을 생각하는지라
차라리
일시적인 적막을 받을지언정
만고에
처량함은 취하지 않는다

– 채근담

군자는

세상의
경험이 얕으면
더러움에 물드는 것도
또한 알고
일의 경험이 깊으면
속임수도 또한 깊다
그러므로
군자는 능수능란한 것보다는
소박하고
우둔한 편이 나으며
치밀하고
약삭빠르기보다는
소홀하고
거친 편이 났다

– 채근담

버릇

사람은
그다지 많은
결점이 있는 것은 아니다
여러 가지로 보이는
그 결점의 근원은 늘 하나이다
무엇이든
한 가지 나쁜 버릇을 고치면
그에 따라서
나쁜 버릇도 고쳐진다
한 가지
나쁜 버릇이 열 가지
나쁜 버릇을
만들어 내는 것을
잊어서는 안된다

– 파스칼

갈대

인간은
자연 중에서
가장
연약한 하나의
갈대에 불과하다
하지만
그것은
생각하는 갈대이다
— 파스칼

입과 눈

입이
하나 밖에 없는 것을
누가 불행하게 여기겠는가?
눈이
하나 밖에 없는 것을
누가 불행하게 생각하지 않겠는가?
우리는
세 개의 눈을 갖지 못한 것을
슬퍼하지 않는다
그러나
눈이 하나도 없는 사람에게는
위로의 말조차
할 수 없을 것이다

– 파스칼

자연의 처지

인간은
누구나
자기가 전부이다
왜냐하면
자기가 죽으면 그것으로
모든 것이 끝나게 되니까!
그래서
누구나 자기를
만물에 비해 전부라고 생각하는 것이다
우리는 자연을
우리의 처지에서
판단해서는 안된다
자연의 처지에서 판단해야 한다

– 파스칼

선량하자

항상 올바르고
선량하도록 노력하라
세상 사람들은
반드시
그것을 인정한다
세상은 결코
사람 보는 눈이
어둡지만은 않다

– 카알힐티

기쁨

기쁨은
자진해서 추구해서는 안된다
그것은
생활만 올바르게 한다면
오로지 자연스럽게 생기는 것이다
가장 단순하고
돈도 들지 않고
필요에 따라 얻어지는 기쁨이
최상의 기쁨인 것이다

– 카알힐티

순수한 표정

순수한 표정을
갖지 못한 여성을 조심하라
어떠한 경우라도
그런 여자가 당신의 생활에
큰 부분을
차지해서는 안된다
대신
순수한 표정의
여성과의 교제는 매우 좋다
그리고
여성에게
경망스럽게 보이는 것은
나쁜 약점이다

— 카알힐티

최고의 삶

진리를
잘 관찰함으로써
마음의
평안을 얻는다
진실이야말로
맛 중에서
가장 좋은 맛이요
지혜롭게
사는 것만이
최고의 삶이다

— 숫타니파타

신분

인간을
비천하고 고귀하게
만드는 것은
결코
신분이 아니라
그 자신의 행위다
— 숫타니파타

옛것과 새것

옛것을
너무 좋아하지 말고
새것에
지나치게
매혹당하지 마라

그리고
사라져가는 것에 대하여
지나치게
슬퍼해서도 안된다

－숫타니파타

물은

물은
쉬지 않고
흐르고 또 흐른다
하지만
항상
그 자리에 있다
언제나 어느 때나
같은
존재이면서도 또한
시시각각으로 새로운 것이다
– 헷세

정직과 성실

정직과 성실을
그대의 벗으로 삼아라
아무리 친한 벗이라 하더라도
그대 자신으로부터 나온 정직과 성실만큼
그대를 돕지는 못하리라
남의 믿음을 잃었을 때
사람은 가장 비참하다
백 권의 책보다
단 한 가지의 성실한 마음이
사람을 움직이는 힘이 더 큰 것이다

– 프랭클린

사람의 성품

사람의 성품 중
가장 뿌리 깊은 것은 교만이다
우리는 지금 누구에게나
겸손할 수 있다고 하는데
이것도 하나의 교만이다
자기가
겸손을 의식하는 동안에는
아직
교만의 뿌리가
남아 있는 증거이다
– 프랭클린

고통

고통의 느낌을
괴로워하지 말라
고통과
고뇌는
우리의 육체를
유지하는데
없어서는
안될 조건이다

－톨스토이

친구

다정한
벗이란
먼데 있지 않고
가까운데 있다
사귀지
못할 친구는
늘
멀리
떨어져 있기
마련이기 때문이다

－톨스토이

사랑은

미래의
사랑이라는 것은 없다
사랑은
오로지 현재의 활동이다
그러므로
현재의 사랑을
행하지 않는 사람은
사랑을 가지고 있지
않은 사람이다

— 톨스토이

생각

내일 일은
오늘 생각하지 말라
대신
그러기 위해서는
하나의 방법밖에 없다
즉
지금 이 시간
순간의 일을 충실히
훌륭하게
해내고 있는지?
끊임없이 생각하는 일이다

– 톨스토이

허영심

여자들은 대개
어떤 뛰어난 남자를
자기 혼자 소유하고 싶어서 사랑한다
만약
그녀들의 허영심을
제지하지 않았더라면
자물쇠를 채워두고 싶은 정도일 것이다
허영심은
남편이 다른 사람 앞에서도
훌륭해 보일 것을 원하고 있는 것이다

– 니체

결혼 생활은

결혼 생활에
들어가기 전에 자신에게
이렇게
물어보아야 한다
너는
이 여자와
노년에 이르러서도
즐겁게
이야기를 나눌 수 있는 것으로 믿는가?
부부 생활은
다른 모든 것은 변해 간다
그러나
사귐의 대부분의 시간은 대화에 속한다

– 니체

빛을 향해서

사람들이
빛을 향해서 몰려가는 것은
보다 잘 보기 위해서가 아니라
보다 잘
빛나기 위해서이다
그러한
사람 앞에 있으면
사람들은
즐겨
자기 자신도
빛으로 착각한다

– 니체

나를 슬프게 하는 것

나를
슬프게 하는
것은
네가 나를
속이는 것
때문이 아니라
이제
다시는 너를
믿지 않는다는
사실 때문이다

– 니체

얼굴

사람의 얼굴은
하나의 풍경이다
또한
한 권의 책이다
용모는 결코
거짓말을 하지 않는다
— 발자끄

사랑은

사랑은 죽음을 방해한다
사랑은 생명이다
내가 이해하고 있는 일체의 모든 것은
오직 자신이 사랑하고 있는 까닭에
이해할 수 있는 것이다
모든 것이 존재하고 실재하는 것은
오로지 이렇게
내가 사랑하고 있기 때문이다
모든 것은 한결 같이
이 사랑 하나로 결합되어 있는 것이다
사랑은 신이다
따라서 죽음은
사랑의 한 작은 부분인
나에게는 보편적이며 영원한
근원으로 환원하는 것이다

– 쇼펜하우어

꿈

삶이
꿈이고
죽음이 깨달음이라면
내가
나
자신을
다른 모든 것에서
특별한 취급을
받는
존재라고 생각하는
그
사실도
역시
꿈에 지나지 않는다

— 쇼펜하우어

화는 요물

화가 났을 때는 열을 세어라
아주 크게 화가 났을 때는 백을 세어라
노여움은
우리들의 수명을
짧게 하는 요물이다
그러므로
우리는
아침 저녁으로
이 요물을 경계해야 한다

– 제퍼슨

신념

굳은
신념을
가진 자는
자신의 신념을
존경해야 하며
자신의
신념을
존경하는 자는
그
신념을 위해
무슨
일이든 해야 한다

– 도스토예프스키

화를 잘내는 사람

세상에는
선천적으로 폐쇄적이어서
화를 잘내는 사람이 있다
그러한 사람들은 감정을 자연스럽게
나타내는 기쁨을
좀처럼 맛볼 수 없다
하지만
그는 결코 나쁜 인간이 아니며
오히려
그 반대인 경우가 많다

— 도스토예프스키

행복이란

마음이
비뚤어진
사람만이 불행하다
행복이란
인생에 대한
밝은 견해와
맑은 심성에
찾아오는 것이며
외면적인 것에 있지 않다
– 도스토예프스키

보고 얻은 것은

귀로
듣고 얻은 것은
눈으로
직접 보고 얻은 것보다
넓지 못하고
눈으로
보고 얻은 것은
마음으로 깨달아 얻는 것보다
넓지 못하다

－죽창 수필

언제나

언제나
홀로 있을 때를 삼가라
이 생각을
마음속에 새기고
그 생각을
게을리 하지 않으면
모든
그릇된 생각이
일어나지 않을 것이다

— 이율곡

빛과 소금

너희는 세상의 소금이니
만약 소금이
그 맛을 잃으면 무엇으로 짜게 하리오
후에는 아무 쓸데없어
다만 밖에 버려져 사람에게 밟힐 것이다
뿐만 아니라
너희는 세상의 빛이라
산 위에 있는
동네가 숨기지 못할 것이요
또한
사람이 등불을 켜서
말(末) 아래 두지 아니하고
등(燈) 위에 두나니
모든 사람에게 비치나니라

— 마태복음

몸과 목숨

그러므로
내가
너희에게 이르노니
목숨을 위하여 무엇을 마실까
몸을 위하여 무엇을 입을까
염려하지 말라
목숨이 음식보다 중하고
몸이 의복보다 중하지 아니하냐
저 허공 중에 나는 새를 보라
심지도 않고
거두지도 않고
창고에 모아들이지도 아니하되
너의
천부께서 기르시나니
너희는
이것들보다 귀하지 아니하냐

— 마태복음

구하라

구하라
그러면 너희에게 주실 것이요
찾으라
그러면 찾을 것이요
문을 두드리라
그러면 열릴 것이요
구하는 이마다 얻을 것이요
찾는 이가 찾을 것이요
두드리는 이에게 열릴 것이니라
– 마태복음

사랑과 진리

사랑은
오래 참고
사랑은 온유하며
투기하는 자가 되지 아니하며
사랑은
자랑하지 아니하며
교만하지 아니하며
성내지 아니하며
악한 것을 생각하지 아니하며
불의를
기뻐하지 아니하며
진리와 함께 기뻐하고
모든 것을 믿으며
모든 것을 바라며
모든 것을 견디느니라

– 고린도전서

파리와 같다

우리
몸에 밴
결점은 파리와 같다
아무리
쫓아도
다시 날아와
나를
한층 더 괴롭힌다

— 세퍼

결국

남을
위해
기도하고
자비를
베푸는 것은
결국
나를 위한 것이다

－성철

천당과 지옥

천당과 지옥은
어리석은
생각으로 일어나는 환상이니
마음의
눈을 떠서
바른 지혜를 가지면
이 환상은
저절로 없어진다
　　　　　　　　　　– 성철

윤회

높이
떠올랐던 화살도
기운이 다하면
땅에 떨어지고
피었던 잎도 떨어지면
뿌리로 돌아간다
이를 들어
연이니
윤회이니
인과라 한다
만물은 원래
한 뿌리이기 때문이다

– 성철

두 막대기

이것이 있음으로 저것이 있고
이것이 생김으로 저것이 생긴다
이것이 없음으로 저것이 없고
이것이 죽음으로 저것이 죽는다
이는 두 막대기가 서로 버티고 섰다가
이쪽이 넘어지면
저쪽이 넘어지는 것과 같다

– 성철

꿈속의 꿈

노담과
공자가 손을 잡고
석가와
예수가 발맞추어
뒷동산과 앞뜰에서
태평가를 합창하니
성인 악마 사라지고
천당 지옥 흔적조차 없네
장엄한 법당에는
아멘 소리 진동하고
화려한 교회에는 염불 소리 요란하니
검다 희다
시비 싸움
꿈속의 꿈이로다

– 성철

죄악

병 가운데
제일 큰 병은
게으름이다
게으름은
편하고자 함이니
그것은
죄악의 근본이다

-성철

진리대로 살아라

진리를 닦은 사람은
아무리 괴로워도 남을 원망하지 않는다
마치 그림자가 형체를 따르듯
내가 한 일
내가 모두 받음에
도대체 누굴 원망하겠는가
친구를 만나거나
무슨 일을 하더라도
따로 구하지 않고
오직 묵연히 도리만 다할 뿐일세

— 달마대사

잠

오른쪽
옆구리를 방바닥에
붙이고 자는 것은 여래의 잠이요
왼쪽으로
누워 자는 것은 축생의 잠이요
엎어져서
방바닥을 안고 자는 것은 마구니 잠이요
똑바로
누워 자는 것은 송장잠이다

— 묵담

마음

지인은
병이
생기기 전에 치료하고
의사는
병이
생긴 다음에 치료한다
병이
생기기 전에
치료하는 것은
곧
마음을 다스리는 것이며
수양하는 것이다

–동의보감 내경편 신형

말 (언어)

말을 적게 하여
속에 있는 기를 길러라
말하거나
외우거나
읽을 때는 늘 소리가
기해열(배꼽 아래)에서 난다고 생각해야 한다
그리고
걸으며 말하지 말아야 하는데
만일 말을 하고 싶으면
잠깐 걸음을 멈추고 말을 해야 한다
걸으며 말을 하면 기운을 잃는다

－동의보감 내경편 언어

겸손하고 정직하라

사람은
누구나 공손하고
경애의 덕을 닦아야 한다
그리고
사양함으로써
원망을 없애고
분쟁을 일으켜
남의 뜻을 거슬리는 일이 없고 보면
타인의 지지를 잃지 않는다
그러나
이것을 어길 때는
그 일신조차
제대로
보전하기 어려워질 것이다

– 관자

어진 사람

어진 이는
기왕에
일어난 일을 가지고
벌하려 하지 않고
현재의
모순과 갈등을
해결하려는데
더
깊은
관심을 갖는다

– 현우경

겸손

남이
나를 받든다고 하여
남을
낮춰 여기지 말고
크다고
남의 작음을
업신 여기지 말 것이며
용맹을
믿고서
적을
가벼이 보지 말라

– 태공망

부와 명예

위에
있으면서
남에게 교만하지 않는다면
지위가 아무리 높아도
위태롭지 않으며
모든 일을 법도에 맞게 하고
스스로 삼가하면
세력이 차도 넘치지 않는다
또한
지위가 높아도
위태롭지 않으며
길이 그 귀한 자리를 지킬 것이며
세력이 차도
넘치지 않으면
길이 그 부를 지키게 된다

－효경

삶과 죽음

죽음과
삶은 운명이다
밤과 아침은
일정한 듯해도
그것은
하늘이 하는 바여서
사람은
간섭할 수 없는 것이니
이것이
만물의 진상이다
– 장자

관리들은

여러
관리들이
권리를 다투지 않으면
대동 단결이 되고
장관들이
공적을 내세우지 않으면
다같이
힘쓰게 된다

– 장자

걱정

남이
나를 알아주지 못할까
걱정하지 말고
내가
남을
알지 못할까 걱정하라

－논어

실천

배우고도
깊이
생각하지 않으면
얻어지는 것이
없고
생각만 하면서
배우지 아니하면
위태롭다

— 논어

도와 순리

사람은
땅의 순리에 따르며
땅은
하늘의 순리에 따르며
하늘은
도의 순리에 따르고
도는
자연의 순리를 따른다

-노자

겸손과 공

성인은
스스로의 존재를
나타내려고 하지 않기 때문에
그 존재는 밝게 나타나고
스스로 옳다고
주장하지 않기 때문에
그 옳은 것이 드러난다
또
스스로 뽐내지 않기 때문에
공을 세울 수 있고
스스로
자랑하지 않기 때문에
그의 공은
오래 갈 수 있는 것이다

– 노자

진실

아름다움에는
추함이 포함되고
착한 것에는
착하지 않음이
들어 있다
　　　　-노자

만족

만족함을
아는 것이
곧
만족이며
그것이
바로
영원한 만족이다

－노자

욕심

재앙은
덧없이 심한
욕망 때문에 생기며
우환은
분수에 넘치게
얻으려 하기 때문에 생기고
화는
만족을 모르는 정도가
더 없이
크기 때문에 생기는 것이다
–노자

외모와 내면

험상궂은
얼굴을 하고 있는 사람일수록
실은 두려워할 만한
자가 못되는 것이다
외모는 반듯이 내면을
그대로 반영하고 있는 것이 아니며
겉으로는 선량한 듯하지만
속은
부정직한 사람이 많다
그러므로 외모로
그를 선량하다고 생각하는 것은
신의를
거슬리는 것이다

– 세네카

가난과 부자

가난에
만족하지
못하는 사람은
부자가
된다고 해서
만족할 리가 없다
왜냐하면
결점은
사물에 있는 것이 아니라
정신에
있기 때문이다

— 세네카

돌이켜보고

타인의
잘못된 행위에 대해
분노를
느낄 때는
자신을
돌이켜보고
당신도
그런 잘못을
저지르고
있지는 않은가
생각해 보라

— 아우렐리우스

사람들은

사람들은
서로
경멸하면서
동시에
서로
아첨한다
사람들은
서로
이기려고 하면서도
서로에게
허리를 굽힌다

— 아우렐리우스

인간은

인간의 불만은
모두
스스로 만들어 낸 것이다
인간의 고통은
다른 사람들로부터
오는 것이 아니라
다른
모든 것들과 마찬가지로
자기
스스로 만드는 것이다

– 아우렐리우스

모든 것은 동일하다

모든 것은
경험적으로는
우리에게 익숙해 있으며
시간적으로는
덧없으며 물질적으로는 미천하다
현재의 모든 것은
무덤 속에 묻혀 있는 사람들의
시대와
조금도 다를 것이 없다

– 아우렐리우스

명성에 대하여

명성을 추구하는
자들의 정신이 갈망하는 것은
어떤 것들이며
혐오하는 것들은
또 어떤 것들인가를 살펴보라
마치
모래가 먼저 있던 모래를 덮어버리 듯
인생에 있어서도
또한
먼저 있던 것들을 순식간에
뒤에서 오는 것들에 의해
덮여 버리는 것이다

— 아우렐리우스

지혜로운 사람은

명예를
추구하는 사람은
다른 사람들의 행위 속에서
자신의 행복을 찾으며
쾌락을 추구하는 사람은
자기 자신의 착각 속에서
행복을 찾는다
그러나
지혜로운 사람은
자신의 행위 속에서
행복을 찾는다

– 아우렐리우스

말과 행동

자연에
일치하는
모든 말과 행동을 존중하라
그리하여
뒤따를지도 모르는
다른
사람들의 비난이나
말 때문에
당신의 말과 행동을
바꾸지 말라

– 아우렐리우스

일

당신에게
힘든
일이라 하여
그 일을
인간으로서는
해낼 수 없는
일이라고
생각하지 말라

－아우렐리우스

당신의 여생

당신이 익힌 일이
아무리 보잘것없는 것이라
하더라도
그 일에 전념하라
그리고 그 속에서 즐거움을 찾으라
자신의 모든 것을 진심으로
신들에게
맡긴 사람처럼
당신의 남은 여생을 보내라
그리하여
이제부터는 누구의 주인도
누구의
노예도 되지 말라

–아우렐리우스

명상

명상은
인생에 있어서
가장
위대한 예술이다
그리고
그것은
아무에게서도 배울 수 없는데
그 점이
그것이 아름다움이다
그것은
기술을 가지고 있지 않으며
따라서 권위가 없다

– 크리슈나무르티

순결한 마음

순결한 마음이란
몸과 마음
두뇌와 정신을 모두 포함한
전체를 내포하고 있다
이런
순결한 마음이란
사상에 의해 결코 닫혀지지 않는
마음이며
존재하는 진리임을 알 수 있다
그것이 사색이다

– 크리슈나무르티

현명한 사람

혼자
잘 나가기를
바라는 것은
가장
어리석은 일이다
대부분의 사람은
자기가 남보다
잘 나가기를 원하고 있다
그러기에
차라리
한 걸음 물러서는 것이
현명하다

– 라포슈코프

술 · 1

악마가
너무
바쁠 때에는
술을
대신
사람에게
보낸다

— 마빈토케이어

술·2

여성이
술을 한 잔
마시는 것은 퍽 좋은 일이다
두 잔 마시면
그녀는
품위를 떨어뜨린다
세 잔 마시면
그녀는
부도덕하게 되고
넉 잔째에는 자멸한다
– 마빈토케이어

이기주의

오직
자신의
일만을
생각하고 있는
인간은
그
자신마저도
될
자격이 없다

– 마빈토케이어

소경

한 사나이가
캄캄한 길을 가고 있자니
반대편에서
소경이 등불을 들고 걸어왔다
사나이는
소경에게 물었다
"당신은 소경인데 왜 등불이 필요합니까?"
소경 왈
내가 이것을 들고 걸으면
내 자신이 걷고 있는 것을
눈뜬 사람이 알게 되기 때문입니다

– 마빈토케이어

벌

거짓말장이에게
주어지는
최대의 벌은
그가
진실을
말했을 때에도
사람들이
믿지
않는 것이다

– 마빈토케이어

세상에서 12개의 강한 것

돌
그러나 돌은 쇠로 깎인다
쇠는 불에 녹는다
불은 물로 꺼진다
물은 구름으로 흡수된다
구름은 바람에 움직인다
바람은 인간을 날려버릴 수는 없다
하지만
인간은 공포를 느낀다
공포는 술로 없앤다
술은 잠에 의해 깬다
잠은 죽음만큼 강하지는 않다
그러나
이 죽음조차
애정에는 승리할 수 없다

– 마빈토케이어

인간은

인간은
손을 쥐고 태어나 손을 펴고 죽는다
그것은
무엇을 의미하는가?
태어날 때는
세상의 모든 것을 붙잡으려고 하지만
죽을 때는
모두 남아 있는 사람에게 주고
아무것도
가지지 않는다는 의미이다

– 마빈토케이어

참된 벗은

참된
벗은
감춰진
유사함에
의해
가까워지고
범속한
벗은
표면상의
유사함에 의해
가까워진다

— 보나르

연애와 우정 · 1

연애는
지속시키기가 어렵지만
우정은
존재하기가 어렵다
어려운 일은 언제까지나
애인으로 있는 것이다
그러나
참된 우정이 이루워지면
어느 한쪽이 죽기 전에는
그것이
끝장을 보리라고는 거의 생각할 수 없다
거기서는
모든 것이 진실하고 믿음직스럽다
우정에는 언제나
신뢰가 있으며 또 있어야 한다

– 보나르

연애와 우정 · 2

연애는
지키지도 않을
여러 가지 약속을 한다
이와 반대로 우정은
하지 않은 약속도 지킨다
허위라고까지는 할 수 없으나
연애는 적어도
과장을 좋아하며
또 말도 남용한다
한편
우정은 말에 세심하다
우정이란
고백한 적이 없는 정열이다

– 보나르

연애와 우정 · 3

우정에
있어서의
겸허한 태도는
연애에
있어서의 부끄러움
이상의 매력이 있다
왜냐하면
부끄러움은 사라질 때가 있어도
겸허한 태도는
사라지는 일이 없기 때문이다

– 보나르

사람의 혀

혀는 뼈가 없다
그러나
뼈도 부러뜨릴 수 있다
혀는 힘이 없다
그러나
장사도 넘어뜨릴 수도 있다
혀는 발이 없다
그러나
능히 천리를 갈 수 있다
혀는 날개가 없다
그러나
온 천지를 자유롭게 날아다닐 수 있다
혀는 연장이 아니다
그러나
부수고 자르지 못하는 것이 없다

– 지혜경

인품은

자녀의 인품은
태어나는 것이 아니라
부모에 의해 만들어진다

꽃밭에 가면
꽃향기가 몸에 배고
화장실에 들어가 있으면
화장실 냄새가 몸에 배듯이

어진
부모와 살면
어진 자녀가 되고
천박한
부모와 살면
천박한 자녀가 된다

– 지혜경

효도란

결혼하여
자식이 태어나면
부모는 자식에게 희생과 정성을 다한다
먹을 것이 있으면
자식부터 먹이고
입을 것이 있으면 자식부터 입힌다
진자리 마른자리 가려 뉘우고
부모 아닌 사람
감히 생각도 못한다

그러나
그 부모 늙고 병들면 상황이 달라져
자식들 도움 없이는
생을 유지하기가 힘들어진다
몸은 이미 늙어
마음대로 안되고 마음만 여려
자식들의 정이 그리워진다
이런 부모의 심정을 헤아려 주는 것이 효도다
부모가 핏덩이의 자식을 혼신을 다해 키워 주었듯이
늙고 외로운 부모를 정성을 다해 보살피는 것이
자식된 도리요 효도다

– 지혜경

결혼 상대를 볼 때

잘생기고
못생김을 따지지 말고
건강하고 매력이 있는지를 보라
학벌을 보려거든
고졸이든 대졸이든 따지지 말고
인격과 겸손한가를 보고
가문을 보되
높고 낮음을 보지 말고
가풍이 건전한지
가정교육이 잘되었는지를 보라

또한
부자인지 가난한지를 보지 말고
성실하고 장래성이 있는지를 보라
결혼이란
겉보다는 내면의 진실함을 보고
결혼 후엔
후회하지 말아야 한다

– 지혜경

결혼 생활에서

부잣집에서
천대받고 사느니보다
평범한 집에서 사랑받고 사는 것이 낫다
쟁쟁한 가문에서 기죽어 사느니보다
평범한 가문에서
기펴고 사는 것이 낫다

또한
잘난 사람에게서
무시당하고 사느니
평범한
사람에게서
귀염받으며 사는 것이 낫다

– 지혜경

인 연

인연을
함부로 맺지 말아야 한다
복도 화도
인연 따라 오기 때문이다

어진 이와
인연을 맺으면
자신도 물들어 어질게 되고
악한 이와
인연을 맺으면
자신도 물들어 악하게 된다

– 지혜경

사랑과 우정

지혜로운 이는
좋아하는 감정 사랑하는 감정을
분별할 줄 알아야 한다

사랑은
사랑하는 감정이
서로 있다면
사랑해도 되겠지만
단순히
좋아하는 감정이라면
사랑이라고
착각하지 말아야 한다
좋아하는 감정으로
우정을 나누기엔 적당하지만
사랑을 나누기엔
적당하지가 않다

– 지혜경

웃물이 맑아야

내가
부모에게
불효하는 사이에
나 또한
부모가 되어
자식의
불효를 걱정하게 되니
내가
부모에게 불효하는 것은
바로
내 자식에게
너도
성인이 되면
나에게
불효하라고 가르치는 것이다

– 지혜경

한국작가 작품선 · 38

그 말을 거울로 삼고—명언록

초판1쇄 인쇄 · 2010년 3월 25일
초판1쇄 발행 · 2010년 4월 1일

엮은이 · 김선우
펴낸이 · 윤영희

펴낸곳 · 한국작가출판부 동행
등록번호 · 제2-4991호

주소 · 서울시 중구 을지로 3가 302-18
편집부 · (02) 2285-0711
영업부 · (02) 338-2734
팩 스 · (02) 338-2722
이메일 · gongamsa@hanmail.net

© 2010. 김선우, Printed in Korea

값 10,000원

ISBN 978-89-94227-07-8 03810

• 잘못된 책은 서점에서 교환해 드립니다.